CAMILA CANUTO

AMAR ME DÁ MEDO MAS TAMBÉM ME DÁ CORAGEM

CAMILA CANUTO

AMAR ME DÁ MEDO MAS TAMBÉM ME DÁ CORAGEM

Copyright © 2023 by Editora Letramento
Copyright © 2023 by Camila Canuto

Diretor Editorial Gustavo Abreu
Diretor Administrativo Júnior Gaudereto
Diretor Financeiro Cláudio Macedo
Logística Daniel Abreu e Vinícius Santiago
Comunicação e Marketing Carol Pires
Assistente Editorial Matteos Moreno e Maria Eduarda Paixão
Designer Editorial Gustavo Zeferino e Luís Otávio Ferreira
Capa Isabella Sarkis de Carvalho
Diagramação Renata Oliveira
Revisão Ana Isabel

Todos os direitos reservados. Não é permitida a reprodução desta obra sem aprovação do Grupo Editorial Letramento.

Dados Internacionais de Catalogação na Publicação (CIP)
Bibliotecária Juliana da Silva Mauro - CRB6/3684

C235a	Canuto, Camila
	Amar me dá medo mas também me dá coragem / Camila Canuto. - Belo Horizonte : Letramento, 2023.
	174 p. ; 14 cm x 21 cm. - (Temporada)
	ISBN 978-65-5932-387-6
	1. Poesia. 2. Relacionamentos. 3. Autoajuda. 4. Crescimento. 5. Autoestima. 6. Sentimentos. I. Título. II. Série.
	CDU: 82-1(81)
	CDD: 869.91

Índices para catálogo sistemático:
1. Literatura brasileira - Poesia 82-1(81)
2. Literatura brasileira - Poesia 869.91

LETRAMENTO EDITORA E LIVRARIA
Caixa Postal 3242 – CEP 30.130-972
r. José Maria Rosemburg, n. 75, b. Ouro Preto
CEP 31.340-080 – Belo Horizonte / MG
Telefone 31 3327-5771

É O SELO DE NOVOS AUTORES
DO GRUPO EDITORIAL LETRAMENTO

9	**1. MEDO DE AMAR**
10	ATCHIM
11	PLATÔNICA
12	VENENO
13	COISA DE CRIANÇA
14	BOLSA DE VALORES
15	TABU
16	DEPENDÊNCIA EMOCIONAL
17	TPM
18	VULNERÁVEL
19	MIMADA
20	DE NOVO ISSO
21	DE NOVO NÃO
22	TÓXICA
23	CORTA
25	MIMADA II
26	A MELHOR DEFESA É O ATAQUE
27	**2. CORAGEM DE AMAR**
28	IRRACIONAL
29	NOVIDADE PRA MIM
30	APAIXONADA
31	CONFIO EM VOCÊ
32	ÓDIO
33	AURORA
34	QUE CHATICE
35	FILMES INCOMPLETOS
36	NÃO VOU ESCONDER NADA
37	MUITO EU
39	**3. RELACIONAMENTO**
40	GALERIA DO AMOR
42	CUIDA DE MIM
43	NÃO ENTENDO
44	TE AMO
45	EU DE VERDADE
46	AMOR
48	VEM PRA CÁ
49	SÓ NÃO ME DEIXA
50	AMOR VERDADEIRO
51	BOOMERANG
53	LUZ, CAMERA, AÇÃO
54	É ASSIM MESMO
55	ESQUISITA
56	JUNTOS
57	SE LIGA
58	FULL-TIME
59	ÍNTIMOS
60	EVITANTE
61	NÃO TÔ ENTENDENDO NADA
62	FALEI
63	CONFUSA

64	OBRA DE ARTE	97	ACUMULADORA
65	LIBIDO	98	CENSURA
66	SURPRESA	100	VAI PASSAR
67	OBRIGADA	101	ACOLHIMENTO
68	CONTINUE A NADAR	102	MAS NÃO PODEMOS PARAR
69	QUE BOM, EU NÃO GOSTO MESMO	103	ENFIM, LIVRE
70	DÁ A MÃO	105	QUEBRADA
71	IMPROVÁVEL	106	FOGO
72	EITA	107	APARÊNCIAS
73	IMPRESSIONANTE	108	ESPONJA
74	NÃO É A MESMA COISA	109	PÉSSIMA MIRA
75	ESSENCIAL	111	6. A VIDA É ISSO
76	QUE FOI?		
77	FICA MAIS		
79	4. QUANDO CRIANÇA	112	NINGUÉM AGUENTA
		113	PRA QUE A PRESSA
80	FANTASMA	114	NA GRINGA
82	TRAUMA	116	MOMENTO PRESENTE
83	BONS TEMPOS	119	POETA
85	NA SALA DE AULA	120	MILLENNIAL
87	INFÂNCIA	121	DEIXA FLUIR
88	LEGAL	122	ERRO
89	CRIANÇA INTERIOR	123	QUE SACO
91	PAI	124	DANÇA
93	PROTETORA	125	ESPERANÇA
		126	PLANTINHAS
95	5. MULHER	127	BLOQUEIO
96	DISTORÇÃO	129	METAMORFOSE AMBULANTE

130	MELHOR EU FICAR QUIETA	151	8 OU 80
132	PREÇO DA VIDA	152	BIP BIP
133	BRILHA, BRILHA	153	EU JURO QUE
134	QUERIA TANTO	154	DOIDINHA
136	FASES	156	ZONA DE CONFORTO
137	CUIDADO	157	UÉ
138	SÓ VAI	158	BUG
139	ALÔ	159	EU CONSIGO SOZINHA
140	TEMPORAL	160	SEI NÃO
141	ISSO JÁ SEI	161	VIRGINIANA
142	ISSO TÁ ME DEIXANDO LOUCA	162	TRÂNSITO
143	ANÚNCIO IMPORTANTE	163	8. UM NOVO EU
144	LENDA URBANA		
145	ME CONFUNDA MAIS	164	CHEGA
146	JÁ IMAGINOU?	165	FELICIDADE
		166	XÔ, IMPOTÊNCIA
147	7. NÃO SEI LIDAR	168	SAINDO DAQUELE MÓVEL DE ROUPAS
		169	MILAGRE
148	ALGUÉM ME ENSINA	170	UM NOVO EU
149	NO CONTROLE	172	VERSÃO 9.2.3.1.3
150	AUTOSSABOTAGEM	173	CO-CRIAÇÃO

1. MEDO DE AMAR

ATCHIM

Quando o amor
chega para mim,
vem sempre
todo
de medo.

E eu tenho rinite.
Das bravas.

PLATÔNICA

Tenho medo de te enviar
meu amor e
o carteiro trazer de volta
porque o destinatário
não morava na casa
que fantasiei.

VENENO

E quando vou
ver já estou lá
de novo
nos seus braços.

Seu amor é
como fumar.
Me mata aos poucos
mas é o meu
único refúgio
no momento.
É tudo que tenho.

Continuo dizendo
para mim mesma e
para os outros que
vou parar.
Maldita droga.
A falta de amor
próprio.

COISA DE CRIANÇA

Seu amor é bonito.
Ele brilha e me faz
voar como uma fada.
Quem dera
fadas existissem.

Deixei de acreditar
há muito tempo
em fadas,
em amor,
todas essas coisas
de criança.

Ainda assim,
às vezes insisto
em ser imatura,
em ser infantil,
em acreditar
em fantasias.

BOLSA DE VALORES

Meu amor próprio
é bolsa de valores.
Manipulado
pelo mercado.

Moedas aceitas:
$Elogio e $Reconhecimento.

Se muitos compram,
sobe.
Se ninguém liga,
questiono o valor.
E se vendem,
entro em falência.

TABU

Ontem você me
mandou mensagens
e disse absurdos
sem tamanho.
Algo sobre me dar
toda satisfação
que mereço,
me fazer feliz,
me amar
ou algo assim.

Tenho até medo de
escrever sobre isso
aqui, dentro de mim
isso é tabu.
Esses seus ideais
radicais,
liberais,
de amar.
De me permitir
ser feliz.

DEPENDÊNCIA EMOCIONAL

Diga que me ama e
me convença do meu valor.
Pois nasci com essa
semente linda que
não me ensinaram
a cultivar.

Rega-me.
Aduba-me.
Expõe-me ao seu sol.
Brilha na minha vida
para que eu veja
como sou linda.
E fica.
Pois sem você,
morro.
Minhas flores murcham,
minhas folhas caem,
meus galhos secam
e quebram.

Sou sensível e
todo terreno é
estranho pra mim.

TPM

Pelo jeito você
não me ama.
Se me amasse,
leria minha mente.

VULNERÁVEL

Sei que sou
forte,
mas me protege.
Sei que sou
independente,
mas me ajuda.

Que perigo
isso.
De abrir mão da
minha força.
Por você.

MIMADA

Seja preciso.
Diga quanto
você me ama
e ofereça mais.

Só por precaução.

Não sei
quanto quero
mas preciso
que seja
muito,
muito,
muito,
muito,
GRANDE,
INTENSO.
Maior do que
o infinito.

Preenche esse
meu buraco.

Me alaga.

DE NOVO ISSO

Mais um filme
que eu coloco e
você dorme.

Que rude.
Deixar só seu
corpo aqui,
vazio, e
passear por aí
em sonhos,
me deixando
sozinha no
sofá da sala.

Eu sei que
você está cansado.
É que eu ando
meio carente.

DE NOVO NÃO

Fala.
Quer ou não?
Pois me falta
paciência e me
sobra medo.

TÓXICA

É quando você se afasta e
frequenta outros lugares, e
sai com outras pessoas.
É aí que te quero,
e te amo,
e demonstro.

Infelizmente
ainda não aprendi a
me permitir amar
de outra forma
que não seja o medo.
Sou viciada em fantasias
de perder,
de ser trocada,
abandonada.

Então o que acha
de deixar de sair?
De não ter mais amigos,
vida pessoal e profissional?
Vai, faz isso por mim.
Você não disse
que me amava?

Ou era tudo
mentira?

CORTA

Me distraio por um momento
e crio na minha mente uma
peça de teatro estreando
você e eu.

É chegada a cena em que
seu personagem percebe
que se enganou.
Na verdade, não sabe
se realmente se importa
tanto assim comigo.

As luzes mudam,
a música cresce,
meu coração vira motor,
meu combustível vaza
pelos olhos e corro dali.
Antes que seja tarde demais.
Me apresso e
saio de cena.

Você permanece lá,
confuso, pois isso
não estava no roteiro.
Eu que entendi errado
a sua atuação.
Enxerguei na sua parte
o que não existia.

As luzes apagam,
a música para,
a peça é cancelada.
Todos vão embora
confusos e frustrados.

E eu aguardo a
próxima peça.
Também confusa e
com muito medo.

MIMADA II

Longe de mim
Querer ser egoísta,
Mas faça tudo
que quero e
me dê tudo
que preciso,
seja lá o que for
isso, pois também
não sei.

Não ouse
não saber também.

A MELHOR DEFESA É O ATAQUE

Tenho medo que
as pessoas se afastem
de mim e eu fique
sozinha.
Por isso, é melhor
eu me afastar primeiro.
Se é para ficar sozinha,
que pelo menos
seja escolha minha.

Que pelo menos
eu sofra sabendo
que estava certa
sobre não merecer
ser amada.

2. CORAGEM DE AMAR

IRRACIONAL

Sei lá
de onde
tirei isso de
não merecer
amor,
mas cansei.

Se é pra
ter uma crença
irracional,
então escolho
acreditar que
mereço
sim
ser amada.

NOVIDADE PRA MIM

Ui!
Que medo
que me dá
olhar para
a vida
e enxergar a
possibilidade
de ser feliz.

Morro de medo
do desconhecido.

APAIXONADA

Devo estar enlouquecendo.
Me peguei pensando
na possibilidade de
me entregar para você.
Tudo que eu sou.
Sem medo,
sem censura.

Que maluquice.
Deve ser o sono.

CONFIO EM VOCÊ

Pega na minha mão
e me guia
para onde eu nem sabia
que queria estar.

ÓDIO

Sem motivo algum,
odiava poesia.
Também odiei
brócolis,
arte abstrata,
meu pai,
Deus.
E agora
escrevo poesia.
Pois o destino
é esquisito
e acaba me
fazendo amar
tudo que antes
eu odiava.

Amém.

AURORA

Encontrei ela ali
parada como se
não representasse
tudo
para mim.
Torci para o semáforo
continuar vermelho
e com a cara
toda vermelha
criei coragem
para dizer oi
com o coração
explodindo.

QUE CHATICE

Sai da minha cabeça.
Sei que você é lindo.
Sei que você é incrível.
Tudo que sonhei.
Mas preciso trabalhar.

FILMES INCOMPLETOS

Tá difícil.
Fazer minhas coisas,
viver.
Só penso em
te ver e
te convidar
para assistir alguns
pedaços de
outro filme.

NÃO VOU ESCONDER NADA

Às vezes sinto vergonha
de ser tudo que sou.
De parecer uma bagunça.
De parecer chata, maluca,
problemática.
Às vezes sinto que
é errado ser eu.
Mas sei que o errado
é pensar desse jeito.
Porque eu tenho esse
direito. De sentir.
De reclamar.
De chorar.
Eu sou muito.
E o muito pode assustar
algumas pessoas.
Mas ainda é meu direito
ser assim.
É meu direito e dever
ser eu.

MUITO EU

Hoje estou cheia
de confiança e
querendo explorar
outros mundos
além do seu.

3. RELACIONAMENTO

GALERIA DO AMOR

Namoro é galeria
de arte. Na abertura
todos estão empolgados.
Exposições vêm
e vão. Fases.
Algumas mais bonitas
que outras.
Algumas mais curtas
que outras.
E tudo bem.
Ou não.
A crítica é subjetiva.
Nem os artistas sabem
o que estão fazendo
direito
de se expressar
mas nem sempre
ser aceito.
É um risco, esse
negócio de se expor
arte abstrata esse
negócio de amar
e entregar
na mão do outro
todas suas cores.
Até aquele marrom
acinzentado
que você acabou
misturando errado

mas agora faz parte
de quem você é.

CUIDA DE MIM

Estou brava
com você.
Então não venha
com palavras
bonitinhas, nem
me dê beijinhos
ou diga o quanto
me ama.

Mas
se não fizer
tudo isso,
e muito mais,
vou ficar
ainda mais brava
com você.

NÃO ENTENDO

Você é idiota?
Como ainda pode
dizer que me ama
depois de ver
toda essa bagunça
que sou?

TE AMO

Às vezes escapa
uns lados meus
que me dá tanta
vergonha que
você conheça.
E aí te afasto.
Paro de falar,
de te olhar,
de ser eu.
E mesmo assim,
você ainda me abraça
apertado.

Fico tentando
te expulsar
com todo silêncio
e indiferença
que tenho e
você insiste em
me acolher e
mostrar com
toda força
dos seus braços
que ainda está aqui.
Que ainda se importa.
Que apesar das minhas
tentativas de te afastar,
você não pretende
ir a lugar algum.

EU DE VERDADE

Beija-me devagar,
sente quem eu sou e
escolhe ficar.

AMOR

Cresci sem acreditar
em amor, pois
meus pais nunca
se amaram.
Te conheci e
descobri que eu
não sabia o que
era o amor.

Pois nos filmes,
a mulher é princesa
que recebe do
príncipe as flores
mais raras e lindas
de todo o reino.
Mas minha mãe era
mulher comum e meu
pai homem comum
que só podia comprar
bananas e mamão.

Isso quando dava.

Acontece que
minha mãe amava
comer mamão
e bananas. E
não precisava serem
raras ou lindas.

Bastava que fossem
bem escolhidas.

VEM PRA CÁ

Você bem que podia
passar aqui em casa.
Tô quase terminando
de limpar tudo pra
que a gente possa
bagunçar de novo.

Você escolhe
dessa vez: quarto,
cozinha ou sala de
Estar
ao seu lado
é indescritível.

SÓ NÃO ME DEIXA

Ainda não entendemos
muito bem como funciona
esse negócio de namorar.
É como se nós dois
fôssemos presa e
predador ao mesmo tempo.

Você e eu,
cuidadosos,
apreensivos,
ansiosos,
com medo
de ser surpreendido
com um ataque
mortal
do outro
e acabar
ferido.

AMOR VERDADEIRO

Me mostra seus medos
mesmo com medo
de eu fugir ou
te julgar.
Sua coragem
só faz eu me
apaixonar ainda mais.
Tudo que você fizer,
tudo que você for,
ou é,
eu decidi amar.

BOOMERANG

Brigar com você
me assusta tanto.
Eu fico sem saber
o que dizer,
e você também.

Só sobra o
silêncio e a
distância.

Que parece que

fica cada vez

maior.

Como nadar no mar.
Nadar para bem longe
e não ter mais certeza
se você consegue voltar.

Será que é tarde demais?
Será que é aqui que morro?
Que tristeza.
Meio patético.

Abro o WhatsApp,
mas suas mensagens
pararam de chegar.

Não quero ceder.
E você também não.
Sei que também
estou errada.
Mas minhas emoções
Pesam demais.
Me paralisam.
E nada de você
me mandar mensagem.

É como te perder
para sempre
por algumas horas.

E que alívio me dá
quando você volta
a falar comigo e vejo
que não foi dessa vez
que estraguei tudo.

LUZ, CAMERA, AÇÃO

É tão estranho ver você
me apresentando como
sua namorada para um
monte de gente que
nem conheço.
Parece uma peça
de teatro.
E nem me deram
o roteiro. Estou
improvisando tudo.
Me sinto nervosa
e confusa.
Sobre o que fazer,
o que falar,
o que sentir.
Me dá vontade de
ir para casa e deixar
essa história pra lá.
O ruim é que não
posso fazer isso.
Estou descobrindo que
amo estar nesse palco.
Mesmo nervosa.
Mesmo confusa.
Esse é meu lugar.
Aqui.
Com você.

É ASSIM MESMO

Tem dias
que choro
por tudo.
Inclusive
por nada.

ESQUISITA

Minha linguagem
do amor é morder,
espremer espinhas e
ser esmagada pelo
seu peso.

JUNTOS

Você me ensina
a me impor.
Eu te ensino
a ter paciência.
Você me ensina
a ver o lado bom.
Eu te ensino
a se abrir mais.

Começou como namoro
e virou terapia.

SE LIGA

Parece divertido
para você.
Ficar brincando
de bola com
meu coração.
Jogando para lá
e para cá.
Cá entre nós,
eu mereço mais
do que isso.

FULL-TIME

Paixão é doença
que deveria dar
direito a atestado.
Não tem condições
de trabalhar pensando
em você 24 horas.
Se apaixonar em si
já é trabalho
abusivo,
escravo.
Exagero de
horas extras.

E nem posso
pedir demissão.

Eu reclamo,
mas amo.

ÍNTIMOS

Esse mês
chegamos no
nível mais alto
de intimidade.
Não estou falando
de beijos, sexo,
fetiches, brinquedos...
Nesse nível chegamos bem rápido.

Estou falando de
ontem à noite,
quando você fez
seu primeiro cocô
aqui em casa.

Agora somos praticamente família.

EVITANTE

Continuamos nesse
cabo de guerra.
Eu puxo,
você resiste.
Eu desisto,
você insiste.
Mas não estamos
puxando corda.
Meu coração
não é jogo.

Sinceramente,
estou ficando
sem paciência.

NÃO TÔ ENTENDENDO NADA

Rótulos carregam expectativas.
Antes éramos só amigos e
estava tudo bem.
Agora somos namorados e
venho tentando me entregar
mais. Tudo que eu sou.
Mas você não é lá muito
bom em receber meu tudo.
Fica confuso. E me deixa
confusa também.

Que vontade de recuar.
Vontade de voltar atrás
nessa decisão de te namorar
e de contar com você.

O amor me confunde.

FALEI

Eu falei.
Cada palavra.
Pensei quando precisava pensar.
E falei de novo.
E de novo.
Expressei tudo que eu sentia,
sem filtros. Só eu. Pura.
E não falei qualquer coisa.
Me defendi. Me escolhi.
Me amei. Me coloquei
em primeiro lugar.
E agora estou chorando.
Dói pra caralho.
Não paro de chorar.
Mas **como estou orgulhosa** de mim.
Mesmo com medo,
falei.

Mereço alguém que cuide de mim.
E me ame sem paredes no meio.

CONFUSA

Terminei com você
e já sinto sua falta.
Será que é amor
ou abstinência do
vício de ter alguém?

OBRA DE ARTE

Sua boca é muito bonita
mas é obra incompleta
longe da minha.

LIBIDO

Depois de tanto
trauma,
finalmente,
prazer.

Você ressignificou
o sexo para mim.

SURPRESA

Amo receber
as fotos que
você tira de mim
sem eu saber.

OBRIGADA

Você falou tanto
o quanto sou bonita,
o quanto sou talentosa
e inteligente, que agora
até eu comecei a acreditar.

CONTINUE A NADAR

É claro que você não sabe
o que fazer quando
eu não estou bem.
Você nem sabe o que fazer
quando você não está bem.

Na verdade, você nem
aceita ou reconhece
que está mal.
Em vez disso,
vai para a academia,
anda de bicicleta,
joga Pokémon,
dorme...

Você fala o que quer,
faz o que quer, e
não se importa
com nada.

Ninguém suspeita
que alguém assim,
corajoso como você,
foge
apavorado
dos próprios sentimentos.

QUE BOM, EU NÃO GOSTO MESMO

É impressão minha
ou a tarefa doméstica
preferida de todo homem
é lavar a louça?

DÁ A MÃO

As coisas fazem
mais sentido
quando suas mãos
encaixam nas minhas.

IMPROVÁVEL

Você me convenceu a assistir
Velozes e Furiosos e
eu gostei.
Eu te convenci a assistir
séries coreanas e
você gostou.

Adoro como expandimos
o mundo um do outro.

EITA

Você me cativou
com sua insistência
em me amar.

IMPRESSIONANTE

Você vem de tão longe
só para me ver.
Haja energia.
Haja amor.

NÃO É A MESMA COISA

Agora não basta
ter assinatura na
Netflix, na HBO,
na Amazon Prime..
Sem você para assistir
comigo, qual é a graça?

ESSENCIAL

Dormir de conchinha
com você nem é mais
opção. É necessidade.

Esses dias dormi sozinha
e foi como sair de casa
pelada. Aquela sensação
de estar faltando algo
muito importante.

QUE FOI?

Sua indiferença
não me engana.
Sei que está
machucado.
Você mesmo disse
que eu te conheço
melhor do que ninguém.

FICA MAIS

Você anda sem tempo
pra ficar comigo.
Eu sei que é pelo
trabalho e por seus
problemas pessoais.
Mas eu também
tenho um problema.
Se é para ter alguém
na minha vida, não
aceito só pedaços.

Ou mergulha em mim,
ou nem coloca o pé
nas minhas águas.

Sempre tão ocupado
pra lá e pra cá,
sem parar.
Daqui a pouco
perde forma e
vira vulto.
Está difícil te ver.
E sei que
não são meus óculos.
Tenho miopia
mas você tem
feito muita coisa
que não me envolve.

Minha casa não é
drive-thru
para você aparecer,
pegar o que quer
e quem sabe
voltar amanhã.
Aqui é restaurante
gourmet, 5 estrelas.
De se apreciar por
horas, e não
querer ir embora
tão cedo.

4. QUANDO CRIANÇA

FANTASMA

Meu pai acordava às
5 da manhã e voltava às
8 da noite.
Toda noite
eu observava
enquanto ele comia
arroz e feijão,
e assistia
futebol,
e dormia
no sofá,
e depois ia
para a cama.

Eu observava
como um fantasma,
esperando que
um dia
ele desenvolvesse
poderes psíquicos
e entre o
chegar
e o
dormir,
espantado,
ele finalmente
me enxergasse.

E eu nem saberia
o que dizer para ele.
Acho que nem ele
saberia o que me dizer.

Talvez ele já tenha
até me visto, uma ou
outra vez, mas não soube
como reagir.

Talvez ele só não sabia
como ser
pai.

TRAUMA

Criança,
como vão te ouvir
se você não fala?
Como vão te olhar
se você desvia o rosto?
Como vai curar
se você muda de assunto?

Como cabe
tanto
dentro de um
corpinho
tão pequeno.

BONS TEMPOS

Queria eu ser
criança de novo.
A confiança dos
15 quilos,
a audácia dos
4 anos e 3 meses.

Embriagada
das maravilhas e
novidades da vida.
Fazendo escolhas
difíceis como
azul ou vermelho,
chocolate ou chiclete,
pai ou mãe.

Orgulhosa das
artes mais feias,
das palavras mais
incompletas,
entretida da vida
mais chata,
dos jogos mais
irritantes, e
dos espíritos de
outras crianças,
que vinham visitar
de noite e
queriam brincar

bem quando eu
estava prestes a
cair no sono.

Enfim,
bons tempos.

NA SALA DE AULA

Todos eram
muito felizes
conversando,
ou fazendo
sei lá o quê.

Mas eu não,
não aprendi
como iniciar
uma conversa,
ou fazer um
sei lá o quê.

Então só
observava,
triste,
óleo na água
flutuando
pra lá e
pra cá, sem
encontrar terra
firme. Na certeza
de que aquele
era meu destino:
ser, mas
não pertencer.
Vigiar, por trás
de um muro
invisível de

impotência
e solidão.

E receber
os viajantes
que chegavam
perdidos à
minha fortaleza
com meu medo e
minhas lanças
mais afiadas.

INFÂNCIA

Saudades
de olhar para desafio
como diversão.
De estar presente
comigo.
Sem esperar
nada
além de
tudo
de bom.

LEGAL

Nunca contei
para minha mãe
sobre como sofri
bullying.

Ela perguntava
todo dia
"Como foi na escola?",
e eu só repetia
"Legal."

Pensava que
se eu contasse
ela ficaria triste.
E a tristeza dela
seria minha
culpa.
Eu não falava nada
para que
ela não precisasse
lidar com isso.
E porque
eu mesma não queria
lidar com isso.
Era mais fácil assim.
Repetir para mim:
"Foi legal."
Até eu acreditar.

CRIANÇA INTERIOR

Uns dias atrás
encontrei uma
criança esquisita.
E não gosto de crianças.
Mas essa aí me
olhou diferente.

Pedaço de gente
antipática.
Nem pra me dar um oi.
Se trancou no quarto
e se jogou em
algum mundo virtual.
Ficou lá o dia inteiro.

Saiu para ir ao banheiro
a milhão.
Como um foguete.
Fez a mesma coisa
quando sentiu fome.
Foi para a cozinha
disparada
olhando para o chão e
se trancou de novo
no quarto.

Do quê
essa criança
tanto corre?

Tão nova.

Do que ela tem
tanto medo?

Agora fiquei
até triste.
A criança que quero
não me quer.
Nem me escuta.

PAI

Você, que nem teve pai,
teve que de repente
ser um pai para mim.

Queria que você
tivesse sido mais
presente no pouco
tempo que tínhamos.
Que me levantasse
mais no colo e
dissesse que me amava.
Que me abraçasse
e fizesse um esforço
para eu preferir
você em vez da
minha mãe.

Queria ter tido
segredos com você.
Saído só com você.
Queria que você
tivesse mais interesse
nos jogos que eu
jogava, nos desenhos
que eu assistia,
em como foi meu dia
na escola… E as coisas
não iam bem.
Eu não conseguia

contar para a mamãe
sobre o bullying.
Acho que também
não teria contado
para você.
Mas como queria...
Que você tivesse
perguntado mesmo assim.

Desculpa
por te cobrar
para ser o pai ideal.
Sei que você
não teve pai ideal.

Você nem teve pai.

PROTETORA

Minha mãe
sempre interferiu
em tudo que
meu pai dizia
pra mim.
Até hoje ela
tem esse hábito.
Quando pensa
que ele falou
besteira, já
entra no meio,
falando no
meu lugar.
Me defendendo.

Mãe, deixa
que eu decida
o tipo de homem
que meu pai é.

Eu também
tenho voz. E
ela atrofia
quanto menos eu uso.

5. MULHER

DISTORÇÃO

Achava que ser
sensual era errado.
Pecado.
Sendo que o
homem que é
obcecado
pela mulher.

ACUMULADORA

Sou mulher
e recebo
demais.
Até o que
não devo.

Depois me acho
fraca
por chorar,
por não aguentar
tudo que nem era meu,
tudo que nem era eu,
mas peguei para mim.

CENSURA

Uma hora a
puberdade chega
e pelos crescem
onde antes só
havia pele.

De repente,
parece errado
mostrar seu corpo.
De repente,
você não é mais
menina
e sente que tem
alguma coisa de
errado com esse
negócio de ser
mulher.

Parte da liberdade
de ser você
vai embora.
Sobra uma criança
com o corpo cheio
de pelos e com
o coração cheio
de emoções
confusas.

E olha que tentei
até insistir
em ser eu,
mas agora as
outras crianças
olhavam e
riam. E eu me
sentia que nem
naqueles sonhos em que
do nada estamos pelados
em um lugar que não
deveríamos estar e
ficamos desesperados
com medo de
verem a gente.

Fico imaginando
como deveria ser
bom sonhar que está
pelado em qualquer
lugar e não sentir que
estou passando vergonha.
Ou cometendo um crime.

Deveria ser
tão bom sonhar
como menina
e não
como mulher.

VAI PASSAR

Quero morar nos meus sentimentos.
Me trancar dentro deles e não sair mais.
Mas preciso sair.
Ver uns amigos.
Lembrar da graça da vida.
Da efemeridade de ser eu.

ACOLHIMENTO

Ontem pedi
um abraço
de brincadeira
e quase chorei
de verdade
quando realmente
me deram um.

Não ando cuidando
muito bem de mim.

MAS NÃO PODEMOS PARAR

Luz.
Acende.
Apaga.
Mulher.
Luta.
Cala.
Medo de
querer
brilhar mas
a conta subir
e precisar
pagar caro.

Por ser mulher.

ENFIM, LIVRE

Esse ano descobri
algo chocante que
abalou todo o meu ser.
Minha mãe, na verdade,
também é mulher.

Descobri que ela tem
desejos e medos.
Descobri que todos
sacrifícios que ele já fez
por mim
na verdade
não eram sacrifícios.
E na verdade nem eram
por mim.

Foram apenas escolhas
que uma mulher fez
para fugir de seus medos
e se aproximar de seus
desejos, de forma egoísta
e linda. Como deve ser.
E como é bom.
Não carregar mais
a culpa de achar que
eu era responsável pela
vida que ela não viveu.

Que alívio
poder viver
minha própria vida
sendo apenas
consequência
de uma mãe.
Sendo apenas
grata
por uma mulher.
E livre para ser e fazer
tudo que me der na telha.

QUEBRADA

Eu não via a hora de
satisfazer ele logo
e aquilo acabar.
Eu não via a hora
de ir embora,
chorar
escondida
em casa de novo,
achando que era
tudo frescura
minha.
Pensando que
talvez houvesse
algo de errado
comigo.
E que aquilo
de ter prazer,
de amar,
não era pra mim.

FOGO

Sou fogo e
danço com
a brisa.

Brilho.
Transformo.
Ardente.
O invisível
vira visível.
O transparente
ganha cor.
Vermelho,
amarelo.

Dá-me que
eu transformo.
Assopra que
eu expando.
Queimo quem
tentar me parar.

APARÊNCIAS

Ao rapaz que tentou
me conquistar na balada
dizendo que tinha muito dinheiro
e muita fama como modelo,
como mulher eu só digo:
Que broxante.

Isso não me diz nada
sobre quem você é.

ESPONJA

Tem dia que inspiro
e esqueço de expirar.
Seguro
o que já não faz
mais sentido.

PÉSSIMA MIRA

Levei muitos tiros
nessa vida e
a maioria
eu mesma que dei.
Foi tanto tiro e
sangrei
tanto
que cansei
de atirar.
E agora
só quero
tirar
todas as balas
que deixei
no meu corpo.

Chega de gatilhos
infeccionando
minha vida.

Para ser sincera,
até me esqueci
que essas balas
ainda existiam.
É que não tenho
esse costume
de olhar
para o meu corpo.

E ignoro, com
muito empenho,
todos os sinais
de que não está
tudo bem.

6. A VIDA É ISSO

NINGUÉM AGUENTA

Sem querer
parecer maluca
ou algo assim,
mas acho que
estou ficando
maluca.

PRA QUE A PRESSA

Tem dias que
são produtivos.
Outros são
só produtos
de uma mente
perdida,
sem sentido,
que talvez
só precisasse
descansar.

NA GRINGA

Fui a uma festa
em Barcelona onde
todos dançavam,
todos pulavam,
sorriam e
cantavam
sem saber a letra.
Centenas de línguas
novas foram criadas
ali e todos fingiram
que era espanhol.

Ninguém se conhecia.
Mas todos eram
amigos. Família.

Há de alguém mexer
com qualquer um
ali que conversou
comigo pelo olhar.
Troca de energia
sincera.
Estrangeiros de
toda parte do
mundo unidos
pelo desejo
de festejar.
Utopia
de amor, de
acolhimento.

Fui embora às
5 da manhã.
Sem livre nem
espontânea vontade.
Fomos expulsos
porque os funcionários
precisavam ir para casa
dormir, ver a família...
Essas coisas chatas
da fisiologia humana e
dos direitos trabalhistas.

Agora que estou no Brasil
teria que cruzar o oceano
para voltar nesse lugar.

O que tenho feito
é pegar um atalho.
Fecho os olhos
e de repente
estou lá.
Feliz,
completa,
amada,
dançando
novamente
numa festa
cheia de gente
que me entende
sem nem falar
minha língua.

MOMENTO PRESENTE

Resolvi fazer uma
trilha numa floresta
da Noruega. Fui
de saia longa e
eu gosto muito
de saias mas,
aparentemente,
as trilhas não.
Menos ainda as
trilhas com gelo.

Pisei errado
e nem caí.
Me teleportei
direto pro chão.

Na primeira vez,
me assustei.
Na segunda vez,
me frustrei.
Na terceira vez,
cansei
de brigar e
aceitei que
talvez fosse cair
de novo. E
na quarta vez,
eu ri.

Voltei pro hostel
feliz com uma
luva a menos, e
dois arranhões e um
hematoma a mais.
Também levei um
graveto que achei
bonito.

Aliás, que maluco.
Isso de perder a luva.
Estava segurando ela
porque precisava do
calor dos dedos pra
usar o celular e me
localizar.
E me achei.
Mas perdi a luva.
Soltei por aí e
nem vi.
Alguém vai achar
minha luva, vai falar:
"Ué".
E pensar nisso
também me faz rir.

Sei lá.
Resolvi
aceitar a vida
como ela é. Bonita
essa sensação

do agora,
só que agora
me dá um medo
de, não sei, eu
me distrair por aí
de novo e
essa sensação
também cair
da minha mão.

POETA

E já que sinto tanto,
não tenho escolha
além de me entregar
ao papel.

O ato de confiar
na escrita é
o ato de confiar
na vida.
Você escreve
sem parar
palavra após palavra,
sem saber
aonde vai chegar,
se é que vai
chegar em algum lugar.

Passo a passo,
caminhando cega,
e no final,
não é que essa loucura
anda me fazendo feliz?

MILLENNIAL

Nasci com o mal
da juventude
moderna
de achar que
cada ação minha
precisa ser algo grandioso.

Que besteira.

Achar que viver
a vida
já não é grandioso
o suficiente.

DEIXA FLUIR

Nasci nesse rio
e fluo.

Mas às vezes
insisto em
nadar contra
a corrente e
ainda tenho
a ousadia de
reclamar,
chorar,
gritar:
"Por que minha vida
parou por aqui?!"

Esperneio,
praguejo, mas
uma hora me canso
de lutar e
quando vou ver
estou fluindo
de novo.

É engraçado, né?
Como a gente
complica demais
a vida.

ERRO

Cometi muitos erros
na vida, o maior deles
foi achar que errar
era errado.

QUE SACO

Tem hora que
ser madura cansa.

Dá vontade de cair
da árvore e acertar
a cabeça de alguém.

DANÇA

A dança é casamento
de corpo e música
É língua diferente
mas o diálogo é
o mesmo:
"Somos um".

ESPERANÇA

A vida é televisão.
Se não gosta do canal,
mude.
Se perdeu o controle,
levante.
Só não desligue ou
desista de encontrar
algo bom.

Calma.
Há um canal para todos.

PLANTINHAS

Adoro comprar
plantas novas e
acho elas lindas.
Mas esqueço de
molhar e com raiva,
elas fazem birra,
e esquecem de
ser lindas.

Manipuladoras.

BLOQUEIO

Tenho fugido
de escrever.
Sei lá por quê.
Me dá medo
começar.
E se eu já falei
tudo que tinha
pra dizer?

Pensando agora,
acho que nunca tive
nada pra dizer. Eu
só pego a caneta
ou o lápis.
A caneta é
mais bonita.
Sou viciada
naquelas coloridas,
de bichinho,
estreladas,
todas decoradas.
Dá até mais prazer
de escrever.
E quando vou ver,
escrevi.

Eita.
Me distraí.
Da sensação de

não ser capaz e
do nada,
poesia.

METAMORFOSE AMBULANTE

Cada dia mudo
de cabelo.
Às vezes bagunçado,
às vezes alinhado.
Às vezes com 149.617 fios,
às vezes com 149.522 fios.
Mas sempre
meu cabelo.

Cada dia acordo
diferente.
Pode parecer
o mesmo,
mas não é.

É que a maioria
das mudanças
vem assim.
Devagar.
Imperceptível.
E só percebemos
a diferença
quando comparamos
o hoje com o
muito tempo atrás.

Às vezes, nem assim.

MELHOR EU FICAR QUIETA

Cresci com esse hábito
do não falar.
É... Eu sei.
Sádico
fazer isso comigo.
Logo eu
que sentia tanto
e tinha tanto
para dizer.

É que sempre tive medo
do me expressar.
E se eu falasse besteira
e me lançassem
um olhar
de rejeição?
De "NÃO!"
Não queremos você aqui.
Não está tudo bem
ser assim
tão "você".
Então me contive um pouco
e fui só um pedacinho de mim,
e que louco
pensar que dessa forma
eu seria feliz.

Hoje sou adulta
e olho para esse
tanto de cicatriz.
Respiro e digo:
"Ufa!" porque
foi por um triz
que com toda essa censura,
querendo me sentir
amada, segura,
por pouco não explodi,
e virei a maior sopa de letras
do mundo de palavras
não ditas.

PREÇO DA VIDA

Que horror
todo esse abuso
de animais que
vemos por aí.
São tão bonitinhos.
O melhor amigo
do homem.
Sério.
É de atacar
a gastrite.

Aliás,
melhor comer logo
o arroz, feijão e
bife grelhado que
tem na geladeira.
Antes que estrague.

A carne anda tão cara.

BRILHA, BRILHA

Brilha, brilha,
estrelinha.
Quero ver
você brilhar.
Ou tentar,
em um céu
poluído como
esse. Tem noite
que nem a lua
escapa.

Saudades
do tempo em
que o céu era claro
e as pessoas tinham
suas estrelas favoritas.

QUERIA TANTO

Ando querendo tomar
um banho de chuva
mas nunca faço isso.
Quando a chuva vem,
eu lembro que
acabei de lavar o cabelo,
ou que minha roupa
daquele dia específico
não pode molhar,
ou que não estou com
a pessoa certa para isso,
que posso ficar doente,
que vão me julgar...

Todas essas desculpas
e medo por conta de
gotas de água.

Alguns dias atrás fui em um
parque de diversões, em um
daqueles brinquedos que
te enxarcam por inteira.
Nesse dia não inventei
desculpa nenhuma.
E saí rindo,
toda ensopada.
Já para o banho de chuva,
venho me enganando

com as mesmas desculpas,
já faz quase 2 anos.

Nossa cabeça
só atrapalha.

FASES

Se até a lua,
só uma pedra
que voa no céu,
tem fases,
imagine eu,
que voo na
minha mente
e no meu peito.

CUIDADO

Hoje tudo está
me irritando e
me tirando do eixo.
Hoje sou óleo quente,
fervendo.
Basta uma gota de água
que já explodo.

SÓ VAI

Às vezes o problema
não é você.
É só o lugar.

Na cidade, o céu
ainda tem milhares
de estrelas que
brilham intensamente
todos as noites.
Você só não vê porque
não está no lugar certo.

Se está cansado
de não ver estrelas,
vá para um lugar
novo. Onde o céu
seja limpo e as
possibilidades
infinitas.

ALÔ

Já liguei tanto
para o que pensavam
de mim. Mas a idade,
o envelhecer faz sua
magia e aos poucos,
o telefone enferruja,
fica com sinal fraco,
e quebra de vez.
Daí você não liga
para mais ninguém,
nem para nada,
nem a cobrar.

Volta a viver
sua vida como
deveria ser.
Ou algo mais
próximo disso.

TEMPORAL

Amo quando chove tanto
que não dá para enxergar
mais nada distante.
É como se as cortinas
para o resto do mundo
tivessem fechado. Ou
como se esse pedacinho
do bairro onde estou
tivesse sido teletransportado
para algum lugar muito,
muito distante. Outra galáxia.
Onde só se pode ouvir
o som da água e sentir
o ventinho gelado
no rosto.
Respirar se torna mais fácil.

ISSO JÁ SEI

No fim,
as maiores lições
são clichês que a
gente ouve tanto
que acha que
já entendeu.

Spoiler:
Entendeu porra nenhuma.

ISSO TÁ ME DEIXANDO LOUCA

Pernilongos não param
de me picar e fazer ZZZZZ
bem no meu ouvido.
Coça.
Quem dera cada picada me
hidratasse em vez de coçar.
E em vez de zumbido,
eu ouvisse jazz.

ANÚNCIO IMPORTANTE

Testando, testando.
1, 2, 3.
Som, som.
Ok.

Ah, não era nada.
Só queria te
mandar à merda.

LENDA URBANA

Eu também achava
que era mito.
Só lenda urbana.
Até acontecer comigo:

Hoje, pela primeira vez,
um motoqueiro deu
passagem para o
meu carro no trânsito.

Ainda estou em choque.

ME CONFUNDA MAIS

Hoje esse moço
me encontrou no
elevador e sorriu
de forma tão
sincera para mim.

Puxou papo comigo
e me chamou de
Alessandra. Meu
olhar confuso
entregou que eu
não era Alessandra
nenhuma e ele
se desculpou.

Nem precisava.
Ganhei um sorriso
lindo graças a isso.
Perdeu, Alessandra.

JÁ IMAGINOU?

Não existe ação
sem antes existir
pensamento e
sentimento.
É por isso que
tudo é difícil
no começo.

Pra levantar
da cama, é
preciso sair
do pensamento
e sentimento
de estar deitado.
É preciso se
imaginar comendo
o café da manhã,
se imaginar indo
trabalhar.
Imaginação é
combustível
da ação.

Nada é impossível
pra quem se
permite imaginar
loucuras.

7. NÃO SEI LIDAR

ALGUÉM ME ENSINA

Tire várias fotos.
Faça um álbum
com spoilers de
todo o meu futuro.

Arruína a graça de
viver minha história,
mas me salva
dessa ansiedade
de não saber
o que vem
em seguida.

Não sei caminhar
como os outros.
Cegos.
Seguindo em frente
confiando no chão.
Seguindo em frente
confiando na vida.

NO CONTROLE

Para que te amar
se nesse futuro
que inventei
na minha cabeça
já vi
como tudo isso termina.

Desculpa.
Sempre quero ser
a dona da razão,
então,
vou te encher,
vou te irritar,
e acelerar
esse processo
de você me deixar.

É melhor assim.

AUTOSSABOTAGEM

Tive uma ideia
brilhante,
mas elas sempre vêm
acompanhadas por
tudo que sei que
vai dar errado.
Então, deixa pra lá.

Nem era uma ideia
tão boa assim.

8 OU 80

Para a decepção da minha terapeuta,
continuo vivendo em extremos.
Feliz a ponto de sentir que vou explodir,
triste a ponto de pensar em me explodir.
Comendo o equivalente a três adultos,
outros dias o equivalente a um chihuahua.
AU AU
Do A ao U em milissegundos,
pulando todas as letras do meio.

BIP BIP

Às vezes acho que
sou máquina.

Não descanso,
não amo,
não vivo.
E me preocupo
demais
com coisas que
nem importam.

Nasci assim,
eu acho.
Com defeito
de fábrica.

EU JURO QUE

Já quebrei
tantas promessas
que fiz pra
mim mesma
que agora nem
acredito mais
quando me
prometo algo.

Estou sem moral comigo.

DOIDINHA

Costumo segurar xixi.
Não é por querer.
Fico deixando para
depois. Falando:
"Já, já eu vou",
"Deixa eu só
terminar isso aqui".
Mas aí "isso aqui"
acaba e surge um
"aquilo lá".

Uma hora
não dá mais.
Dói e corro
para o banheiro
para chorar.

Na verdade, esse
texto não é sobre xixi.
É sobre minhas
emoções, e
a piada que é
eu não saber
por que estou
chorando do nada,
tendo segurado
tanto
por tanto tempo.

Disfarçando a
importância delas
de todo jeito
que eu consigo.

Sou criativa pra fugir
do que me dói olhar.

ZONA DE CONFORTO

Fico parada no
mesmo sentimento.
Travada.
Tão gostoso.
Esse sofrimento
que já conheço.

Tão perigoso.
Todo esse sedentarismo
emocional.

UÉ

Não gosto de ir
para o banho mas
quando entro
não quero sair mais.
Não gosto de ir
dormir mas
quando durmo
não quero acordar mais.
Ia dormir
2 horas atrás.
Agora não quero
parar de escrever.

BUG

Um dos meus maiores
medos é não ser suficiente.

Suficiente pra quê?
Nem eu sei.

EU CONSIGO SOZINHA

Preciso aprender
de uma vez que
ninguém é forte
o suficiente pra
lidar com tudo sozinho.

E meu tudo
é enorme.

SEI NÃO

Hoje me sinto
ansiosa e inquieta.
Tenho a sensação
de que deveria estar
fazendo algo.

Parece errado
só existir.

VIRGINIANA

Quero fazer tudo
tão perfeito que
o risco de não
sair perfeito
me paralisa.

TRÂNSITO

Tenho tentado escrever hoje
mas meus pensamentos
não fluem.
Trânsito intenso na
marginal dos meus dedos.
Obra na pista que
leva o sentir ao escrever.
Polícia reportada
em todas as vias
que bombeiam meu coração,
procurando problema
em tudo, não deixando
nada passar.

Nada está bom.

8. UM NOVO EU

CHEGA

Atenção, passageiros.
Preparar para decolar
para algum lugar
onde o céu seja limpo
e a vida abrace
em vez de chutar.

Com turbulência, mas
em velocidade
máxima
numa direção
onde as coisas fazem
mais sentido.

FELICIDADE

Costumava pensar que
o que me faria feliz
quando eu crescesse
seria ter uma casa,
um carro, e um
punhado de sucesso.

Mas sou feliz quando
uso meias coloridas,
quando uso minha ecobag
para ir ao mercado,
quando minhas plantas
amanhecem com flores
ou folhas novas, e
também sou feliz
quando penso sobre
como as coisas mais
simples são as que
me fazem mais feliz.

XÔ, IMPOTÊNCIA

Tropecei
em muita pedra
por aí
e caí
mais vezes
do que consigo
lembrar.
Tem caminho
que faço todo dia
e todo dia
eu caio no
mesmo lugar.

Recentemente,
resolvi aceitar
meu destino.
E agora,
coleciono pedras.
Algumas pesam
muito
e até me machucam
quando vou pegar.
Fazer o quê.
É preciso.

Desde que parei
de ignorar as
pedras no caminho,

e fazer algo
sobre elas, mesmo
sendo pesadas,
tudo tem sido
mais leve.

SAINDO DAQUELE MÓVEL DE ROUPAS

Cada um é música
de tempo, gênero
e tom diferente.
Tem gente que
se limita a um
gênero só, mas
eu sou eclética.

Pego todo
mundo mesmo.

É só tocar,
e eu gostar
da melodia.

MILAGRE

Tenho tentado ser
mais consciente
do meu corpo e
descobri que
não sento direito,
não durmo direito,
não respiro direito,
não como direito,
não piso direito e
não sei direito
como sobrevivi
até aqui.

UM NOVO EU

Na virada do ano,
fui a uma festa
sozinha que
foi uma merda.

Mas como gostei
dessa merda.

Pois pela primeira vez
em toda a minha vida
não me cobrei.
Não me julguei
por só estar ali,
por não socializar,
por não tentar ser
o que não era eu.

Tomei meu drink
observando os
outros dançar e
fui embora.
Chamei um Uber,
o mais rápido do ano.
E conversamos,
a melhor conversa
de Uber do ano.
Eu até compartilharia
o assunto aqui, se

o álcool não tivesse
apagado minha memória.
Mas confia,
foi incrível.

De qualquer forma,
um brinde!
Ao novo eu.

Meu eu antigo
aceitando a
si mesmo.

VERSÃO 9.2.3.1.3

Esse ano
eu morri
e renasci
tantas vezes
que nem sei
se ainda sou
humana ou
se sou fênix.

Só sei que
está tudo
pegando fogo.
E estou amando
cada faísca.

CO-CRIAÇÃO

Minha mente silenciou
Meu coração gritou e
a gratidão tomou conta
de mim.

Me entreguei.
Descartei o
julgamento.
Reciclei e virou
entrega e amor.

Dali, vivenciei
o impossível.

- editoraletramento
- editoraletramento.com.br
- editoraletramento
- company/grupoeditorialletramento
- grupoletramento
- contato@editoraletramento.com.br
- editoraletramento

- editoracasadodireito.com.br
- casadodireitoed
- casadodireito
- casadodireito@editoraletramento.com.br